ABOIO

Luz dos monstros

Paulo Scott

1ª reimpressão

coleção
SARGAÇO

Luz dos monstros

Paulo Scott

ABOIO

coleção
SARGAÇO

EDIÇÃO
Leopoldo Cavalcante

ASSISTÊNCIA EDITORIAL
Luísa Maria Machado Porto

CAPA E PROJETO GRÁFICO
Fabio Zimbres

ABOIO

Para Morgana

PRÓLOGO

LIVRO DOIS

LIVRO TRÊS

LUZ DOS MONSTROS

PRÓLOGO

indigesta a escolha
esse dom que é teu olhar
tua capacidade para desfazer caminho
nos ruídos do interfone
antes que tudo encolha

as vezes em que caminhamos em silêncio
escutando a entrega e a evicção

o terrível paraíso
que é (finalmente) conseguir

penso em você
cada vez que preciso reaprender
a respirar
(e ter costume)

imaterial em tua coragem
encaro a floresta
a fricção das árvores –
o que talvez ainda esteja
na fricção das árvores
a transformar o som
de um mundo à noite
que já não me chega em luz

o escritor está se afogando na piscina inflável
formato olho extorquido de Luís de Camões

ninguém virá salvá-lo
o escritor e sua vaidade contam com isso

a água é colorida com o seu pensamento
e infiltra em seus pulmões

certo é o seu nado
imundo e subalterno

sem recompensa –
aquários extorquidos (de Camões)

levantar a casca e o escuro
o dicionário das palavras que já não alcançam

e também a certeza do dia
em que não se conseguirá mais reconhecer o que havia

a vibração do calcário – o rechaço
o rugido do final do dia e o medo

por isso penso no teu riso
e, ainda cego, destes fósforos molhados

me levanto

no olhar do senhor teu dono
régua paz destruída

aceitando em teu sangue
a loja da ordem

afastando irmãs e irmãos
sem lavar a pregos esse mal

régua a branco
um menos branco

zumbi a menos
(marcha em contínuo finado)

sou eu quem vos acena
dessa lente em convite

recomeçar
seiva imperecível: multidão

o mundo abstrato está abarrotado
a linguagem em pulgas
sugando as diversas vezes
da fidelidade no dorso
da mão que balança as armas
aos anjos da rave na Cracolândia
(o sorriso do polícia sob a luz do sábado)
a mesma erva daninha brotando
na estampa da universidade
na minha camiseta

no envio da carta
o receio de não chegar

o caminhar até o correio
(e sem o éden dos senados)

a loucura de endereçar
o que a masculinidade não retém

quando não encontra mais a prontidão
(quando termina o recreio)

dieta e ressentimento: o que lotou –
crônico adventício

e na dúvida
as escoriações do amor

refeitório desocupado
que (em teu nome foi adiante e) se cumpriu

por aguardar nova manhã
sei: jamais haverá janela e outra prestação de manhã

entrega de sol para ser alastrado pelos lugares
aonde nossos pais nunca chegaram

luz protegida, jazigo 24 horas
ao que, enfim, prossegue em loteamento

e quando se olha de cima
(por nós que revivemos)

porcelanas-remendo
truques para se pregar em paredes que abreviam
a véspera que se entrega
o ser possível em não estar

cedo pelo que (em Tarumã) diz venha
depois pelo que (nos diz:) incendeia

você arruma seus cadernos
colhe, no vaso da janela, o alecrim
repete a palavra paz mais antiga
a luz plagiada de um poema adolescente –
violência que pede nosso quarto
basalto que traz Yucumã
essa máquina polida da fúria-Calibã
quando elipses-esfinge
quando corredores e prateleiras de supermercado
bandeiras até São Paulo sonhando um jardim
chamado pesadelo

de alma destroçada – regurgitados pelo sol

homens-salvos, pobres homens

incapazes de sentirem vergonha

é tarde, muito tarde
e os cosméticos aguardam
a reciclagem de maneiras e fórmulas
cada vez mais dispendiosas
de reencontrar o perdão

o hábito de fingir nada saber
sobre o faminto verme da beleza

sem resgate e sem jeito
sem a armadilha de haver casa e volta
para as luzes que em mim te flagram
porque passam acesas
(faróis em vermelho)
na exigência dos ladrilhos
a pressa dos marinheiros

e, no lacrimejar, esse mal redigir
a incalculável reserva dos banheiros

teu olhar ainda se aprende
porque teu sorriso alistado desfila
em nossa não aguardada inexistência

refletidas no calor da vidraça
as folhas caídas (sem egoísmo)
deixando a praça repleta

no lugar dos cavalos, os que
ainda dizentes (de revoluções proponentes)
não conseguem respirar

a infância é louca
e a velhice é louca

a escuta reacende a realidade
do que (dessa morte) não é mais possível cortar

a gravidade seu abraço estende
a única mãe-gêmea, resumo-Rezende

o chamado (e os foguetes)
do lado de fora do molde: em contorno

o que não se pode acertar
para não se perder o resto

e também a consciência (as naves)
de que a última luz é retorno

não é no jardim da ignorância
o corpo que não quer responder

contingência no possível do tempo
combinando-nos em olhos que esqueceram

nada é familiar nesse ouvir
o erro que não condiz

no que pusemos a limpo
porque no medo daria, juro, daria

se você não estivesse rindo

não ter tamanho para a arte
aguardar de meus pais
um sorriso que só acontecia
assistindo a filmes de violência

certeza de família
que se repetia
uma vez por semana –
show das estrelas

quando a morte encenada
acelerava a vida
enquanto eu procurava
o que seria do meu lutar

(tão cedo e atrás)
no que, desassistido
(não saldaria)
nunca mais iria embora

fia essa cor assombrada
domínio da noite passada
de vênus flutuando no tanque
aquário revertido de sangue

luz-ignorância
brinquedo da intolerância

asa deixada de troço
poça em que submarinos desmentem
tempo de parque –
e o céu troça

(nem por você)
máquinas não ficam doentes

levei anos para entender
o que você me disse
quando me deu aquele abraço
ao desembarcar no aeroporto

para querer o impossível
é preciso ser o impossível

imersos naquela vibração
de desertos decolando mirassóis

apelidando-me de amor
como apelidava as outras pessoas

contingência que foi errada em busca
por decidirmos ficar

no coração da ilusão
pássaros mortos voando o novo medo

[pedras que perseveram pedra]

em seu âmago
cumprem o estado das fardas

cagaço esfregando chãos

o tempo evocando
os seus consumidores
de encontro (a colisão e depois)

[terrores que perseveram terror]

e da inerência dessa altura
nossa máquina de viver

a língua te espera
te reitera no sonho e no sorriso

tudo que (do Osório matinal) não se habitua à prestação

decerto pelo chegar da tristeza
a tal luz do existir
(e do perceber)

desvelos entre o estrago
timbre das gerações
por Silviano Santiago
(que de novo canta seu canto sozinho)
incessante e caminho

de quem se levanta
e do que tem florescer

nas praças, outras lonas
muitos ingressos-brindes
coreografias de sacos plásticos
abanando seus punhos
ao redor das barracas

o barro de seus estômagos
aspirando ao que
só deveria pertencer
aos animais noturnos
que cerzem seu minério
filtram-se do mundo

e dançam sua própria luz

condôminos do não ter onde dormir
dois homens, loja um do outro

mostram o que têm
(não precisam de nomes)

um centro, atacado de placas azuis:
o sonho Gama

aqui é onde revolta a reza

do meu quarto no hotel
cercado pelo dia nublado
contra a areia grampeada que escorre da cortina
escuto a voz da trabalhadora
gritando nos auto-falantes da praça

quem os velou?

e penso como separávamos
o joio do trigo
e escuto tua voz
(longe dos cinemas)
até a luz se acalmar

este perseguir não descansa
geladeira em autodescongelamento

HD máquina do tempo
chassi de escavadeira

foge das escolas e abraça
o tradicional não conseguir passar de ano do amor

cabia ser busca
mas tem isso de lutar contra si

frágil orgulho
(celofane do olho)

dentes-morcegos, lugar-rodízio a craquelar
e, quando sem prazo, pelas palavras

"como se fosse"
"como quem faz"

que os céus
poupem essa academia

peão-sacrificado invocado por poeta
que para dizer precisa recorrer

sangue precisa de canudinho?
verbo de segundo tempo?

poetas a tacos
coma (não rebusque)

se tal janela é pompa
se é tua em poesia

sem unhas
conscrita, um saco

onde me agarrar quando
a manhã ensolarada que havia
é o roçar na pele
do resto de imaginação que
na pele
se tinha por dona da luz?

plantio da máquina
que enxerguei quando
devolvida foi a casa
por não saber que era durar
o desejo que (do sonho deposto) comigo
agora retorna a teu olhar

o ódio veste outro rosto
a casa não chega

o incêndio lava o canavial
e o céu descansa
sobre jovens pedindo
para não morrer

madre-gincana-justiça
balança e dança sua pele pedra

Cristo empina a motoca
e acelera

do céu, os pássaros fogem
(em sua infindável pré-história)

hipnotizados
restauram-se

ardem
lúcifer enquanto podem

no game que segura o cadafalso
errante afastamento do dizer
a espera do lembrar de que não foi sonho

desenho que nos concebe
pela criança que não crescemos

o fogo da associação e também da quebra

a vida em partida flutua
e o novo é eleito

do esquecimento
o evitável não ceder das coisas

fantasmas arrastam fantasmas
(o nome de Deus na decolagem)

alicerçando obediência
na ameaça duma profundeza que não se vê

inundado de normalidade
(línguas capadas recheando bicentenários)

o reflexo do dia em festa
suicida, parasitando de dourado

a superfície-editora do aquário

feixe que sustenta a lâmina
contra os sábados
em que vamos procurar alegria
(quando seu feixismo acorda)

desmedida luz dessa América
de má-costura, medonha-masculino
temendo palavras
em que flutuem jangadas

a expulsão dessa covardia
bruna entrega

ajunta-me porque
feliz me entrego

ave, jangadas
ave, jangadismo

o brasil de tua voz
pelo arame
de minhas repetições
válvula-tempo guará

o nada presente
no alarme do relógio
despejando um sol
que no éden
está sempre em guerra

desocupado entre as plantas desta sala

o começo do teu retorno
e tua leitura
generosa
quando enfim percebo o meu atraso
a minha solidão

para quem trabalha em restaurantes
restaurante deveria se chamar
casa para se desfazer –
a mancha posta à mesa

mancha que não se desfaz –
são as pessoas em seus restaurantes
que se desfazem –
e, no amor, o amor se desfaz

e, nele, as pessoas (e as manchas) não

na imigração do aeroporto
barbadas duty free para a incompletude terrena

voos e dias que podem ser pagos
e não podem ser a mal

algo destes teus olhos sempre turbulentos
e algo de estrabismo apesar desta surpresa em mim

infantil ajeitamento do corpo (reserva de assentos)
caravelas de antes para sempre trazendo igrejas

porque a todo tempo
e mesmo hoje (na reciclável cruz do Senhor)

não importa a terra
toda a chegada é canibal

tão empolgado nos rabiscos da parede
bonde da fé, do testemunho
pela arte da escassez

entrego meu violar Tomé
escondendo a sônica alienação do céu
em cortinas e assim seja

céu pequeno e seguro
palavras a que, ajudado, o humano chega
(em suas parcelas)

e se esvai

o que temos de esquecer
neste mundo de entregas
e caixas dos beba gelado
de não consuma
se o lacre da embalagem estiver violado

no que temos no visor do telefone
nessa roda de hamsters insones

que pensamos ser luz
nas vidraças dos impérios

enigmas que perduram
um tipo novo de lei

entre a lama que rebola
por milagre em desamparo

(abra uma conta)

no dicionário do esquecimento
quando é esquecimento

(mesmo sem olhar para trás)

o que segue petrificado

poeta programa de auditório
poeta sociedade de capital aberto
poeta dependente químico
poeta que vai no antigo emprego e xinga
poeta-medalha
poeta-crachá
poeta fila em agência bancária
poeta sindicalizado
(poeta que ri em safáris)
poeta cacique
poeta-cachê
poeta-clichê
poeta que mal aprende
poeta que não cansa e sabe –
sem linguajar, sem poema
última (e raríssima) chance
de talvez entender o amor

a luz arrasta em seu deserto
a casa que segura os objetos

verbo sobre o plástico das coisas
o que não retorna para rever

entre prazos vencidos
um apocalipse, semente insistida

(preciso contar)

sim, em nome patenteado
plástico que não sabe morrer

oscilação que não alcança
as estrelas na raiz
não desperta da planta
nesse apartar aplicável a tudo

assim aguardamos

assim é o gesto humano
em que a falta é vestimenta

nessa chupação, o golpe do rizoma
(desenho que nada acerta)

palavra descobrindo eriçar

acorda, caralho

luz pronta pra coleta

exato aqui se descobre o resgate
alucinose de onde não escapa inundação

imagens que retornam
bem depois da tua fala, coisa de colégio

catracas para minha impaciência
e também o que se desprega da adultice

quando nada sobra de inútil
sem resgate, quando de iludir-se

verdes anos, Porto Alegre
o ainda pode em paixão

advérbios que se interrompem
(agora que é sempre domingo, muita goma)
nessa usura de futuro
entregue de mãos vazias
à ignição do teu calor
neste frágil tempo escapulário
que me dá incumbência de alegria
autos-choque, flancos abertos
(me acorda cedo amanhã?)
e nunca se desvia

em algum momento da festa
a poderosa luz que arranha

vontade de soterrar o que antes do amor
está num ponto camisa-de-força

repuxo em mar
que engolirá sem saber que é normal

ser um tanto de luz
que escapa e assanha

(língua confusa)
sem conseguir ser luz que banha

hastearão a bandeira
a moenda do estigma

daqui limpamos o pó todos os dias
porque (dentro dessa luz) permaneci

baldes de cola para matear
sem imaginar como foge

batendo continência, reler mal aparafusado
sem saber como perguntar

sem saber como responder

tuas mãos disfuncionais
velocidade SAC da rapidez-defeito
VAR de Brasil, suspeito
teus lábios ainda espetados, trigo do lanche
sujas de escuro, ainda sendo cavalo
sob o sol dizendo quem venceu

tudo o que no teu peito acelerou

tinha três óculos
+ um aparelho de pressão

hoje tenho seis óculos
+ uma conta no Zoom
+ um aparelho de pressão
+ um de medir o oxigênio no sangue
+ três fones de ouvidos

nenhum dos três fones funciona muito bem
já chegaram envelhecidos

minha pressão arterial tem um namorado:
o zumbido constante nos meus ouvidos

é o mais jovem de nós

LIVRO DOIS

Ontem choramos. E você chorou num horário e num cômodo diferentes dos meus. Repartimos essa escada dobrável sobre a qual caminhamos pelo apartamento (e tudo anuncia um circo que não chega). As nuvens se aproximam das salas, da altura das minhas lentes nas janelas, mostram o quanto se esforçam para se tornarem projetor-cinema. E você responde saiam daí, passarinhos. Todos podem entrar. [...] Hoje você chorou. E eu ainda não chorei. E tem esse repartir o tempo e a prova renovada da união. Chamaremos de receita quando tudo isso passar. Em nosso rosto um olhar que já não teme se perder das coisas. (E no meio do sonho você diz uma das cores entre as cinzas foi a única que ainda não pagou o ingresso.)

ABOUT LIVRO TRÊS

Da sua boca ocupada em mastigar a própria mãe depois de envenenar todas as suas irmãs e todos os seus irmãos como só alguém dominado pela covardia e pelo falso heroísmo poderia fazer, você recita o verso favorito da sua guerra: como é sublime saber amar.

Somos os que sempre escaparão do seu abraço, os que dançam sobre sua inesgotável insanidade. Não pense que sua força momentânea é cruzada, é fé, é sucesso. Sua alma escapou do seu corpo espúrio quando você se colocou de joelhos diante da morte e disse: eu te aceito morte e estou pronto para te entregar minhas irmãs e meus irmãos, ó, Morte, como é sublime saber te amar.

Mas sua paz nunca chegará e sua loucura nunca cessará-legião. Minhas palavras são o crucifixo (a roseta da onça) que esfarelará os seus caninos, são a raiz e o tempo que rachará suas mentiras. Sou tão monstro quanto você, mas sou Iroko, a canção que faz você tremer quando deita sua cabeça no travesseiro no constante inferno da sua noite ou se olha no espelho e (pensa e procura uma piada e) enxerga o oco da sua alma.

Você, Destruição, nunca saberá o que é sublime, no ódio que te mastiga, nunca saberá o que é amar.

LUZ DOS MONSTROS

"created_at": "Tue Sep 15 03:35:55 +0000 2020",
"favorited" : false,
"full_text" : "**mais forte do que os afetos e as rupturas \ minha busca vencerá o esquecimento? \ de meu peso \ (sem saber de que luz se trata) \ minério dentro do sonho \ (pelo beijo da razão) de tocar o céu**"

"created_at": "Tue Sep 01 18:41:24 +0000 2020",
"favorited" : false,
"full_text" : "**longe do tempo \ tuas deusas, teus deuses \ um lugar que aguarda \ das tuas palavras o amor - \ e esta é a única luz possível deste dia \ forte é o ano que passou \\ no pensar ainda não proibido \ a cigarra e o terreno \ dissolvendo o ciclo \ pelo voluntariar (a tempo) \ e você sorri \ (move a raiz) e então me segura**"

"created_at": "Mon Aug 31 07:54:21 +0000 2020",
"favorited" : false,
"full_text" : "âncoras que não tocam o fundo \
no braço da violência \ a casa dos anjos saindo
de novo \ das bocas das mães - \ não vou parar
\ hoje não vou morrer de certezas \\ diante
dos porcos-reis \ mulheres e homens \ que não
conseguem falar - \ dor passada de mão em mão \
faca da disciplina \ (como envelhecer) sob o riso
dos novos faraós"

"created_at": "Thu Aug 20 19:33:30 +0000 2020",
"favorited" : false,
"full_text" : "**cede a única resposta \ enquanto se esfarela \ a regra deste poema \ os óbices onde \ a montanha comum dorme - \ o que pega o teu olhar azul \\ (durante e) na paz da leitura \ e você está feliz \ e se expande a lã \ e nas horas desta quinta-feira \ o que por nós é cósmico \ e agora \ frágil-betânia do afeto**"

"created_at": "Tue Jul 28 08:04:41 +0000 2020",
"favorited" : false,
"full_text" : "**daqui, o perdão que fere a suspensão - amigos \ que respiram o resumo plástico \ vidas sem ombros \ para atracar - sem que a voz \ passe da introdução \\ injeto a tortura do meu olho esquerdo \ (o que ama) \ no estômago do meu pai \ onde germina sem intervalo \ uma roda-gigante \ um não atracar \ (pedinte) a dor que eu mesmo plantei**"

"created_at": "Wed Jul 15 03:20:45 +0000 2020",
"favorited" : false,
"full_text" : "meu nome é deserto \ meu corpo é o fósforo \ acende e apaga \ chamando - mãos que foram servidas \ o tronco de bater anzóis \\ por teto o recomeçar \ a luz no fundo da piscina \ onde ficam as asas que usarei para lembrar que não se permanece \ luz onde acorda o grão, teu modo de andar \ a terra sem aliados \ e os faróis"

"created_at": "Wed Jul 15 03:39:14 +0000 2020",
"favorited" : false,
"full_text" : "ainda sou o sanduíche de anzóis \ ainda arrasto meu avião abatido \ seus cadeados e as jaulas abertas \ o cozimento \ o último arremesso \ (gargalhadas de Fantomas e Mazzaropi) \\ antes que o Ocidente arranque do pouco tempo \ a propriedade de nossas casas de bonecas - \ teu grito surreal \ (o blog) na hélice que falta"

"created_at": "Sat May 30 13:10:32 +0000 2020",
"favorited" : false,
"full_text" : "somos o carbono da lágrima \ escorrendo no rosto do arlequim \ síndrome-borda, pizza \ e cerveja latão \ na loja do posto de gasolina da Heitor Penteado \ quando deveríamos respirar a São Clemente \\ você me quer? \ você me segura? \ lá fora é a selva, o Corcovado dizendo \ entre o fogo das plantas, aqualung \ recolhendo os ossos da mesma história em quadrinhos \ e da carne-foda \ (o açougue) que não deveria sobrar"

"created_at": "Thu May 28 03:52:37 +0000 2020",
"favorited" : false,
"full_text" : "**desse banho-maria \ primeiros takes que não acabam \ poetas adorando a luz \ e suas pontes de cera - \ tua mão untando o código \ e minha guarda \\ safras colantes na travessia de cada madrugada \ (do que não te lê) \ peixes que me batizam \ (porque você os digita) \ passeios nesta fome-vidro \ teus olhos (logísticas) \ desmontes que não dizem por quê"

"created_at": "Wed May 27 16:17:35 +0000 2020",
"favorited" : false,
"full_text" : "o homem febril \ sonha de boca aberta a celulose \ da boca escapa a mariposa \ com sua língua-fita vermelha \ nela risca a queimação \ da lâmpada acesa no quarto \\ onde o homem sonha estar seguro \ a mariposa voa até a garagem \ pousa na camionete \ estende sua língua-fita \ línguas se espalham \ bibliotecas com o fogo"

"created_at": "Wed May 27 13:53:09 +0000 2020",
"favorited" : false,
"full_text" : "em seu inferno, o octopus deglute os tentáculos destros \ mas eles retornam – danação \ desidratando a praça \ as almas flutuantes, os três poderes, o formol \\ bipolaridade maligna \ secularidade maligna \ mas ele vai nos proteger \ mesmo sendo como é \ ele vai nos proteger \ ele vai nos proteger \ (o coração do príncipe) vai, que bom, mesmo sendo como é"

"created_at": "Tue May 26 10:19:14 +0000 2020",
"favorited" : false,
"full_text" : "**alegado uniforme \ alegada candura
\ treinada em altura de cruz \ vento destroçando
\ tua mentira-pátria \ tua falta de imaginação \\
teu fervor e teu amassar \ teus velhos uniformes
\ tuas medalhas sempre ausentes \ teu sangue-
-isopor nesta cruz - \ da coincidência dos rumos
\ (o cardume Colombo) que ainda chamamos visão**"

"created_at": "Sat May 16 15:17:36 +0000 2020",
"favorited" : false,
"full_text" : "aonde cê vai com esta lança, estudante? - \ acabar um trabalho, Elrodris - \ é de frente pro sol, estudante? - \ é de costas, Elrodris - \ de oeste, estudante? - \ Brasília - \\ e a barreira do medo, estudante? - \ cede à palavra - \ então é de poesia, estudante? - \ de ação - \ me leva junto, estudante! - \ terra firme, Elrodris \ ó, noite terra, que vai entregar o dragão"

```
"created_at": "Sun Apr 26 07:53:39 +0000 2020",
"favorited" : false,
"full_text" : "a luz entra em reforma \ dentro da
sua invasão \ (do seu beco sem saída) \
aqui esperamos a entrega \ paz sem dia fixo \
constância de formigueiro \\ recolhendo as
margens \ as iscas jogadas que já não servem - \
sem cátedra \ a culminância da vida \ revanche
inapropriada \ no cadeado do barqueiro"
```

"created_at": "Sat Apr 25 09:18:16 +0000 2020",
"favorited" : false,
"full_text" : "o mar eletrônico ronca \ suas respostas ao roncar \ dos recifes deste quarto \ que são a balsa, as paredes e as garrafas de vinho vazias \ que arremessamos nas apinajés \\ miniatura que é o talvez \ (pelo gesso do viver) \ chegada de cada manhã \ este sonho-invólucro, duplo \ você e o seu inexplicável (quase decifrável) sorriso"

"created_at": "Fri Apr 24 10:34:46 +0000 2020",
"favorited" : false,
"full_text" : "pertence \ e não pelo usurpar \
mas pelo desincêndio \ pelo flutuar \ (e nele
a banalidade) \ que é o centro das horas - \
estrada do novelo \\ onde o que foi percorrido \
é a única luz \ (tua única luz) \ teu abandonar
do pesadelo \ este zombar (carnê-Minotauro em
dia) \ nossa única refeição"

"created_at": "Wed Apr 22 06:51:46 +0000 2020",
"favorited" : false,
"full_text" : "**dreno-amor \ caixões encontrando
sua grande regata \ aderindo ao soprar \ da terra
que os cobre e quilhas \ jamais se perderão \\
dreno-boa-visita \ pedra para escrever na pedra
\ da calçada antes que a chuva carregue \ nossos
corpos-chamados \ para outro cenário, (atrás de
ouro) igreja para outro país"

"created_at": "Sat Apr 18 07:58:54 +0000 2020",
"favorited" : false,
"full_text" : : "**céu arrítmico mergulhado nas ferragens do Rio Cubatão \ estatelando a granel \ o ciclo uterino amazônico \ a entrega das águas, Ariel \\ oferta de pássaros \ que saldará com suas trilhas \ de asas enterradas \ o parasitar – misericórdia \ e as cinzas \ para o nosso longo acordar**"

"created_at": "Fri Apr 03 09:21:23 +0000 2020",
"favorited" : false,
"full_text" : "mata que desta cidade expurga
retração de mata \ da turnê-biônica \ do não ficar
para trás \ tua cor-sumaré que regressará \
ao amido da minha ilusão \\ inteira mata contra o
império do mesmo \ onde já não decantam as horas
\ as recapturas \ tua represa (ingênua e) sem
cura \ presa (em correio) a meu coração"

"created_at": "Mon Mar 23 04:16:48 +0000 2020",
"favorited" : false,
"full_text" : "a maçã namora o grito \ o substantivo esconderijo - \ na rota expira a garantia \ a cada pedido de voltar - \ no papel o grafite observa \\ é limo nas pedras \ como esta insônia que se (nos) abateu \ pedra onde me esqueço \ da perseguição que esteve na luz que te escuta \ e (óssea) agora te enxerga"

"created_at": "Thu Mar 19 08:55:51 +0000 2020",
"favorited" : false,
"full_text" : "nossas plantas mortas \ e sua inexperiência \ contra a experiência musical da tempestade - \ a troca dos homens \ os sinos \ o fim da repetição \\ você não compreende mais \ e eu não compreendo mais - \ mundo que nunca foi intacto \ expulsando um amor intacto \ que nos desembrulha \ e (diante de tantos espelhos) ainda não sabe se enxergar"

"created_at": "Wed Mar 18 08:07:01 +0000 2020",
"favorited" : false,
"full_text" : "**vitória que reduz o espaço \ e atiça um estrago \ que catalisa a nova distância \ a nova altura \ na altura que amarra o outro no afundar \\ nas placas das estradas que ainda houver \ setas vermelhas apontarão \ (entre o que foi perdido) a doçura da anormalidade \ o sol dos que seguirão perdidos**"

"created_at": "Thu Jan 14 10:25:13 +0000 2021",
"favorited" : false,
"full_text" : "**indigesta em tudo a escolha \ esse dom automático que é teu olhar \ tua capacidade para desconstruir o caminho - \ nos ruídos dos interfones \\ antes que tudo encolha \ as vezes em que caminhamos em silêncio \ escutando a entrega \ o terrível paraíso que é \ (finalmente) conseguir**"

CARA LEITORA, CARO LEITOR

A **Aboio** é um grupo editorial colaborativo.

Começamos em 2020 publicando literatura de forma digital, gratuita e acessível.

Até o momento, já passaram pelo nossos pastos mais de 300 autoras e autores, dos mais variados estilos e nacionalidades.

Para a gente, o canto é conjunto. É o aboiar que nos une e que serve de urdidura para todo nosso projeto editorial.

Valorizamos cada doação e cada apoio.

São as leitoras e os leitores engajados em ler narrativas ousadas que nos mantêm em atividade.

Nossa comunidade não só faz surgir livros como o que você acabou de ler, como também possibilita nos empenharmos em divulgar histórias únicas.

Portanto, te convidamos a fazer parte do nosso balaio!

Todas apoiadoras e apoiadores das pré-vendas da **Aboio**:

- Recebem uma primeira edição especial e limitada do livro;
- Têm o nome impresso nos agradecimentos de todas as cópias do livro;
- São convidadas a participarem do planejamento e da escolha das próximas publicações.

Entre em contato com a gente pelo nosso site **aboio.com.br** ou pelas redes sociais para ser um membro ativo da comunidade **Aboio** ou apenas para acompanhar nosso trabalho de perto!

E nunca esqueça: **o canto é conjunto.**

APOIADORAS / ES

Não fossem as **110 pessoas** que apoiaram nossa pré-venda entre os meses de **setembro e outubro de 2022** pela plataforma **Benfeitoria**, esse livro não teria sido o mesmo. A elas, que acreditam no canto conjunto da **Aboio**, estendemos os nossos agradecimentos.

Adriane Figueira
André Coelho Mendonça Eler
André Luiz Costa
Andrea del Fuego
Antônio Carmo Ferreira
Arlete Mendes
Beatriz Soares Villar
   Nogueira Paes
Branca Lescher
Bráulia Meireles
Bruna Medeiros Hamabata
Caco Ishak
Camilo Gomide
Carina Bacelar
Carlos Eduardo de Lucena Castro
Casa de Irene
Cíndila Bertolucci Batista
Claudia Freire
Daniel Giotti de Paula
Daniel Leite
Daniel Torres Guinezi
Débora Roberta Carneiro Gomes
Deborah Couto e Silva
Denise Lucena Cavalcante
Diogo Cronemberger
Ednilson Toledo
Eduardo Nasi
Eleonora Goulart

Elisabete Dala Lana
Emmanuel Cristiano
   Guimarães Queiroz
Etevaldo Neto
Evelyn Sartori
Fábio Baltar
Fabio Maciel
Fabio Santiago
Fabio Zimbres
Felipe Pyhus Julius
Fernando da Silveira Couto
Flavia Martins de Carvalho
François Claude Prado Boris
Gabriel Cruz Lima
Gabriel H. F. Silva
Gabriel Morais Medeiros
Gabrielle Vilas Boas
   Nunes e Guido
Gael Rodrigues
Georges Alphonse Prado Boris
Glauber Hiroito Pereira
Helimar Macedo Marques
Helton de Favari Lemes
Henrique Emanuel
   de Oliveira Carlos
Hugo César Paiva
Humberto Pio
Jadson Rocha

Jairo Macedo Junior
João Luis Nogueira Matias Filho
José Eduardo Escobar Nogueira
Jozias Benedicto
Juraci Maria Kretzmann
Laís Werneck
Leandro Ferrari
Lidyanne Aquino
Lorenzo Cavalcante
Lucas Felipe Wosgrau Padilha
Lucas Verzola
Lucianna B. Salles
Luísa Maria Machado Porto
Luiza Lorenzetti
Luiza Sposito Vilela
Marcela Roldão
Marco Falkembach
Marcos Mantovani
Marcus Cardoso
Mari E. Messias
Maria Luiza Maia
Mariana Paiva
Marina Lourenço
Mateus Torres Penedo Naves
Maurício Bulcão
   Fernandes Filho
Mauricio Miranda Abbade
Mauro Paz

Mônica Sayuri
   Tomioka Nilsson
Natália Pinheiro
Natália Zuccala
Nirlei Maria Oliveira
Pedro Augusto Dias Baía
Pedro Süssekind
Pedro Torreão
Priscila Valero
Rafael Ganzerli Auad
Rafael Sousa Rodrigues
Raimundo Lucena Neto
Raíssa Velten Rodrigues
Raphaela Miquelete
Ricardo Andrade Amaral
Rodrigo Mendonça
Salma Soria
Tarcísio Lara Puiati
Thércio Andreatta Brasil
Ulisses Bresciani
Vera Horn
Victor Prado
Vinícius Natanael Soares
   de Carvalho
Vitor Saydelles
Weslley Silva Ferreira
Xico Sá
Zhenghao Chen

coleção
SARGAÇO

Sargaço é uma alga marinha escura que invade súbita e inesperadamente as praias latino-americanas. De um dia para o outro, a areia da praia acorda manchada, melancólica.

Quando transbordam, só o tempo devolve os sargaços para as águas.

Luz dos monstros é o 2º livro da **Coleção Sargaço**.

Tratando de temas sensíveis, a **Coleção Sargaço** trará títulos com uma proposta mais intimista, livros com discursos sobre isolamento, paranoia, tristeza e luto.

Acompanhe nossas redes para se manter atualizada sobre os próximos títulos da Sargaço!

Copyright © Aboio Editora, 2022
Luz dos Monstros © Paulo Scott, 2022

Dados Internacionais de Catalogação na Publicação (CIP)
Bibliotecária Aline Graziele Benitez — CRB 1/3129

Scott, Paulo
    Luz dos monstros / Paulo Scott. -- 1. ed. --
    São Paulo : Aboio, 2022. 120 p. (Coleção Sargaço)

    ISBN 978-65-998350-2-5

1. Poesia brasileira I. Título.

22-125260   CDD B869.1

Índices para catálogo sistemático:
1. Poesia : Literatura brasileira

[2022]

Todos os direitos desta edição reservados à:

ABOIO

São Paulo — SP
(11) 91580-3133
www.aboio.com.br
instagram.com/aboioeditora/
facebook.com/aboioeditora/

Esta obra foi composta em Minion Pro e Courrier New.
O miolo está no papel Polén Natural 80g/m². A tiragem desta edição foi
de 200 exemplares impressos pela Edições Loyola.

[Primeira reimpressão, janeiro de 2023]
[Primeira edição, outubro de 2022]